Inhalt

Modehersteller wollen sich nachhaltiges Image geben - mit wenig Erfolg

Kernthesen

Beitrag

Fallbeispiele

Zahlen und Fakten

Weiterführende Literatur

Impressum

Modehersteller wollen sich nachhaltiges Image geben - mit wenig Erfolg

Markus Hofstetter

Kernthesen

- Die Bekleidungsbranche hat in den Augen der Verbraucher in Bezug auf Nachhaltigkeit kein gutes Image.
- Verbraucher wollen zwar nachhaltig hergestellte Bekleidung, sind aber häufig nicht bereit, dafür höhere Preise zu zahlen.
- Unterschiedliche ökologische Anbauarten von Baumwolle konkurrieren miteinander, wobei Bio-Baumwolle an Boden verliert.
- Viele Bekleidungshersteller setzen sich hohe Ziele für nachhaltig produzierte Ware.

Beitrag

Die Bekleidungsbranche hat ein Nachhaltigkeitsproblem

Eine Aufstellung von Branchen und den Umsatzanteil, den sie durch ein nachhaltiges Markenimage machen, zeigt, dass Bekleidung nur im Mittelfeld liegt. Laut dem Beratungsunternehmen Biesalski & Company basiert rund 5,6 Prozent des Branchenumsatzes auf einem nachhaltigen Image. Babynahrungshersteller profitieren am meisten, bei ihnen sind im Schnitt 9,5 Prozent des Verkaufserlöses darauf zurückzuführen. Am wenigsten Auswirkungen auf das Geschäft hat ein gutes Nachhaltigkeitsimage bei Finanzdienstleistern, Lebensmittelhändlern und Drogerien. Doch Mode hat ein Nachhaltigkeitsproblem. Denn im Sustainability Image Score (SIS) der Serviceplan Gruppe belegt die Branche Textilhandel mit einem Durchschnittswert von 59 Punkten nur Rang 13. Noch schlechter bewertet sind nur die Branchen Finanzdienstleister, Energiedienstleister, Fastfood und Telekommunikation. Platz eins belegt die Sparte Babynahrung. Der SIS wird von Faktoren wie Engagement für Umweltschutz, verantwortungsvoller

Umgang mit Ressourcen und Beitrag zur Steigerung der Lebensqualität bestimmt. Dazu kommen unter anderem die Beurteilung des Verhältnisses zu Umweltschutzorganisationen, umweltfreundliche Technologien sowie Engagement in Produktionsländern. Ernstings family schneidet im SIS Ranking unter den Modeanbietern auf Platz 32 liegend am besten ab. Es folgt Peek&Cloppenburg auf Rang 38 und Esprit auf Rang 56. Weitere Bekleidungsunternehmen im Ranking sind Otto auf Platz 52, Zalando auf Platz 66, C&A auf Platz 67, Galeria Kaufhof auf Platz 75 sowie Karstadt auf Platz 90. H&M kam auf den 102. und damit vorletzten Platz. Der Textildiscounter Kik trägt das Schlusslicht. Auf Platz eins liegt übrigens der Babynahrungshersteller Hipp. (1), [Abb. 1]Auch der CSR-Tracker (Corporate Social Responsibility) des Instituts für Handelsforschung (IFH) sieht bei der Einhaltung von Nachhaltigkeitsstandards noch Nachholbedarf bei den Mode- und Schuhhändler. Beim CSR-Tracker, der regelmäßig alle sechs Monate erhoben wird, beurteilen 3 000 Verbraucher Einzelhändler nach CSR-Kriterien wie Engagement für den Erhalt der Umwelt, Mitarbeiterbehandlung oder Aufrichtigkeit der öffentlichen Information. Die Mode- und Schuhhändler schnitten im aktuellen CSR-Index am schlechtesten ab, sie liegen deutlich hinter dem Lebensmitteleinzelhandel und dem Spitzenreiter Drogerien. Besonders schwach ist nach

Meinung der Befragten das Engagement der Mode- und Schuhhändler in punkto Klimaschutz und Erhalt der Umwelt. Auch die Berücksichtigung sozialer und ökologischer Aspekte bei der Lieferantenwahl und den angebotenen Sortimenten wird von den Kunden kritisch gesehen. Beim CSR Tracker liegt im Bereich Mode und Schuhe Salamander mit 58 von 100 möglichen Indexpunkten auf Platz eins. Auf Rang zwei mit 56 Punkten folgen P&C Düsseldorf und Görtz. Auf Rang vier mit 54 Punkten findet sich C&A. Den vorletzten, 42. Platz belegt Zalando. (3)

Kunden wollen nachhaltige Bekleidung ohne Preisaufschlag

Ein Problem für die Bekleidungsbranche liegt darin, dass der Wunsch der Konsumenten nach sozial und ökologisch verträglichen Waren und das tatsächliche Kaufverhalten weit auseinanderklaffen. Laut einer IFH-Studie halten 24 Prozent der Befragten es für sehr wichtig, dass Bekleidung und andere Konsumgüter nach umweltverträglichen Aspekten hergestellt werden, die Arbeitsbedingungen fair sind und soziale Mindeststandards eingehalten werden. 55 Prozent halten diese Aspekte immerhin noch für wichtig. Gleichzeitig sind sie häufig nicht bereit, für nachhaltige Textilien auch höhere Preise zu zahlen. Denn die Marktzahlen belegten, dass trotzdem im preiswerten Segment gekauft wird. (4), [Abb. 2]

Hersteller setzen auf verschiedene ökologische Baumwollanbauarten

Bio-Baumwolle ist für viele Anbieter von großer Bedeutung, um ihre Produkte nachhaltiger zu machen. In dem Maß, in dem die Nachfrage nach solchen Textilien und Bekleidungsartikeln gestiegen ist, ging auch das Angebot an Bio-Baumwolle sprunghaft nach oben wie die Zahlen aus dem Farm&Fiber Report der US-Non-Profit-Organisation Textile Exchange belegen. Wurden in der Saison 2005 rund 38 000 Tonnen angebaut, waren es fünf Jahre später schon rund 242 000 Tonnen. Doch 2011 erfolgte der Einbruch, die Produktion sank um 35 Prozent auf knapp 151 000 Tonnen. Für die Saison 2011/12 meldet Textile Exchange ein Minus von acht Prozent auf rund 139 000 Tonnen. Damit liegt der Anteil von Bio-Baumwolle an der gesamten Baumwollproduktion nur noch bei 0,7 Prozent, bislang waren es 1,1 Prozent. Die Produktion von konventioneller Baumwolle beträgt in der aktuellen Saison 25 Millionen Tonnen. Hauptproduktionsland für Bio-Baumwolle ist Indien, 2011 kamen rund 68 Prozent des Angebots von dort.

Ein Grund für den Rückgang bei der Produktion von Bio-Baumwolle ist, dass sich viele Bauern daraus zurückgezogen haben, nachdem die Richtlinien und Kontrollen für Bio-Baumwolle vor zwei Jahren deutlich verschärft wurden. Ein weiteres Problem ist, dass nicht genmanipuliertes Saatgut immer schwieriger zu finden ist. So steht Bio-Baumwolle zunehmend im Wettbewerb mit anderen nachhaltigen Baumwollanbaumethoden, bei denen die Vorschriften nicht ganz so streng sind. Diese Verfahren sind nicht weniger nachhaltig, setzen jedoch andere Schwerpunkte. Im Vergleich zu konventionell angebauter Baumwolle werden beispielsweise weniger Pestizide eingesetzt, es werden fairere Löhne gezahlt, langfristige Partnerschaften aufgebaut und feste Abnahmemengen zugesichert. Das ist für viele Bauern attraktiver als Bio-Baumwolle. Ernstzunehmende Konkurrenten für Bio-Baumwolle sind derzeit vor allem Baumwolle der Better Cotton Initiative (BCI) und Cotton made in Africa (CmiA)-Baumwolle. Vor allem die CmiA-Rohbaumwollerträge haben deutlich zugelegt. Waren es in der Saison 2010/11 noch 198 397 Tonnen, so waren es in der Saison 2011/12 geschätzte 383 862 Tonnen. (5), (6)

Bekleidungshersteller setzten sich Ziele für nachhaltige Produkte

Getragen wird die Entwicklung hin zu nachhaltigen

Produkten vor allem von großen Playern wie C&A und H&M. Sie halten trotz der aktuellen Bio-Baumwollkrise an ihren Zielen fest, langfristig nur noch nachhaltig produzierte Baumwolle in ihren Kollektionen einzusetzen. Ausschließlich Bio-Baumwolle wird dabei aber nicht eingesetzt werden. So möchte H&M bis spätestens 2020 nur noch Baumwolle aus nachhaltigen Quellen verwenden.

Bei C&A lag 2011 der Anteil von Produkten aus Bio-Baumwolle im gesamten Textilsortiment bei rund 13 Prozent. Bis 2020 sollen alle Baumwollartikel aus nachhaltig produzierter Baumwolle produziert werden. Da dieses Ziel ausschließlich mit Bio-Baumwolle aber nicht zu erreichen ist, soll auch Baumwolle aus anderem nachhaltigen Anbau verwendet werden.

Komplett auf zertifizierte Bio-Baumwolle setzt künftig Jack Wolfskin. Reine Baumwollprodukte werden schon seit drei Jahren aus Bio-Baumwolle gefertigt, ab der Sommerkollektion 2013 sollen auch alle technischen Mischgewebe keine konventionelle Baumwolle mehr enthalten. Probleme, dieses Ziel zu erreichen, hat das Unternehmen trotz der aktuellen Situation nicht, da der Baumwollanteil bei dem Outdoor-Anbieter nicht sehr hoch ist. (5)

Die Zahl der grünen Messen wächst

Die steigende Bedeutung von nachhaltiger Mode für die Hersteller zeigt sich auch in der Zahl der entsprechenden Messen, die in den vergangenen Jahr gestiegen ist.

Allein die Messe Frankfurt veranstaltet mehrere grüne Messen. Bei der Ethical Fashion Show in Berlin stehen soziale Standards in der Produktion, die Transparenz der Lieferkette und Sicherheitsaspekte im Vordergrund. 73 Aussteller aus 15 Ländern zeigten bei der diesjährigen Messe ihre neuesten Ideen für grüne Street- und Casualwear für das Frühjahr 2014. Parallel dazu findet in der Hauptstadt der Green Showroom statt, der grüne und fair produzierte Mode aus dem gehobenen Segment präsentiert. Hier stellten in diesem Jahr 30 Anbieter ihre Produkte aus. Zudem veranstaltete die Messe Frankfurt im August 2013 zum ersten Mal die Fachmesse Ecostyle. Auf der Informations- und Orderplattform dürfen nur von einem Fachbeirat geprüfte Konsumgüter ausgestellt werden. Bewertet werden die Aussteller anhand von Kriterien wie minimaler ökologischer Fußabdruck, hohe Produktqualität, Effizienz in Material- und Energieeinsatz, positive soziale und kulturelle Wirkung sowie starke Transparenz. Neben Segmenten wie Wohnen & Design oder Beauty & Gesundheit ist auch Fashion & Accessoires zu finden. Die nach Angaben der Messe Frankfurt weltweit größte Stoffmesse Intertextile Shanghai Apparel Fabrics richtet 2013 erstmals eine All about Sustainability-Zone ein. Dort sollen die Anbieter gebündelt werden, die ihren Schwerpunkt auf recycelte Stoffe und Produkte haben. Angemeldet haben sich über 3 500 internationale und chinesische Stoffanbieter. (7), (8), (9)

Die Innatex des Veranstalters Muevo GmbH ist eine Fachmesse für nachhaltige Textilien, die zweimal im Jahr in Hofheim-Wallau stattfindet. Bei der letzten Veranstaltung im August 2013 präsentierten 220 Aussteller ihre Produkte. Neben Damen-, Herren-, Kinder- und Babymode-Kollektionen für Sommer 2014 war grüne Schuhmode ein zentrales Thema der Messe. 13 spezialisierte Labels aus diesem Bereich präsentierten sich in diesem Jahr in Wallau. (10)

Fallbeispiele

Armedangels: nachhaltiges Shopkonzept im Test

Das Eco-Fashion-Label Armedangels hat ein neues Shopkonzept entwickelt. Das modulare System mit nachhaltigen und individuell entworfenen DIY-Materialien, das in einer Größe von vier bis 40 Quadratmeter installiert werden kann, wird derzeit als Pop-up-Store im Karstadt-Haus in Düsseldorf getestet. Zunächst soll die 30 Quadratmeter große Fläche für zwölf Wochen betrieben werden. Bereits in den ersten Wochen nach der Shoperöffnung sollen die Verkäufe über den Erwartungen liegen. Derzeit laufen nach Angaben von Armedangel Gespräche für weitere, auch permanente Shop-in-Shops bei anderen Handelspartnern.

Für die Präsentation der Kollektion wurden aus Kupferwasserrohren Kleiderstangen entworfen und aus unbehandelten, rohen, FSC-zertifizierten Holzbrettern ein klappbares Kuben-System geschaffen. Aus alten Bilderrahmen entwickelte Armedangels zudem eine Kunstinstallation, die Markenbotschaften transportieren soll. Das GOTS (Global Organic Textile Standard)-zertifizierte, 2007 gegründete Label beliefert derzeit deutschlandweit nach eigenen Angaben 450 Händler. (11)

Gucci: metallfreies Leder ohne Qualitätseinbußen

Gucci will noch 2013 die ersten Lederwaren einführen, die mit einem innovativen Verfahren hergestellt werden. Das neue Metal Free-Leder des italienischen Luxusherstellers wird nicht mit Schwermetallen wie Chrom gegerbt, sondern mit einem biologischen Mittel. Nach Unternehmensangaben soll das Endprodukt keine Qualitätseinbußen haben. Das erste Produkt mit dem neuen Metal Free-Leder, die Tasche Bamboo, wird voraussichtlich ab November 2013 in den Gucci-Läden angeboten.

Bei dem neuen Prozess wird laut Gucci auch weniger Energie eingesetzt und rund 30 Prozent an Wasser gegenüber herkömmlichen Prozessen gespart. Die neue Technologie wurde in Zusammenarbeit mit der Gerberei Blutonic aus der Toskana entwickelt, die zu 51 Prozent Gucci gehört. (12)

Zahlen & Fakten

Abbildung 1: Bekleidung nur im Mittelfeld

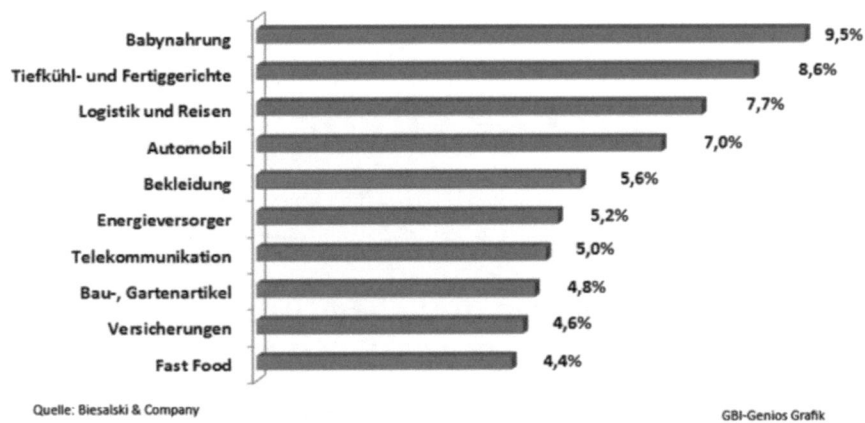

Entnommen aus: Genios Statistiken, Deutschland: Top nachhaltige Branchen 2012, 6/2013, (2)

Abbildung 2: Soziale und ökologische Aspekte sind wichtig

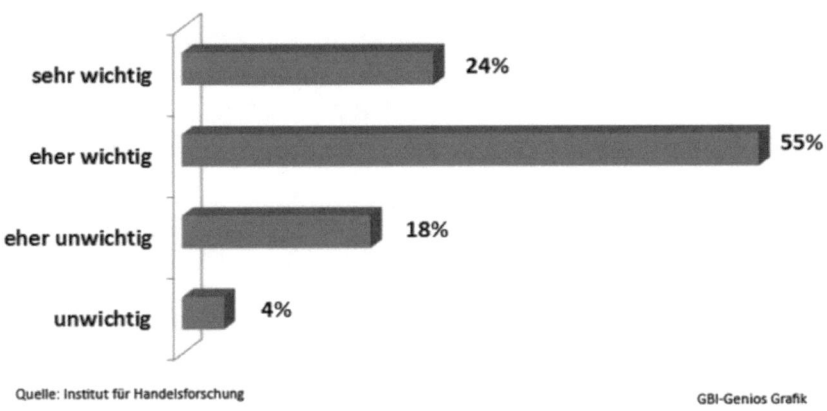

Entnommen aus: TextilWirtschaft, 32/2010, S. 14, (4)

Weiterführende Literatur

(1) Mode hat ein Nachhaltigkeits-Problem
aus www.textilwirtschaft.de vom 28.05.2013

(2) D: Top nachchaltige Branchen 2012
aus Absatzwirtschaft, 09/2012, S. 20

(3) Modehandel: Nachhaltigkeit kein Thema
aus www.textilwirtschaft.de vom 10.12.2012

(4) Studie: Kunden fordern Öko, kaufen aber billig
aus TextilWirtschaft 32 vom 12.08.2010 Seite 014

(5) Bio-Baumwolle verzweifelt gesucht
aus TextilWirtschaft 25 vom 21.06.2012 Seite 032 bis 033

(6) Bio-Baumwollproduktion erneut gesunken
aus TextilWirtschaft 22 vom 30.05.2013 Seite 040

(7) Intertextile Shanghai setzt auf Nachhaltigkeit
aus TextilWirtschaft 24 vom 13.06.2013 Seite 040

(8) Messe Frankfurt launcht Ecostyle
aus www.textilwirtschaft.de vom 10.06.2013

(9) Grüne Messen verbinden Mode und Ethik
aus www.textilwirtschaft.de vom 05.07.2013

(10) Innatex: Grüne Schuhe im Fokus
aus www.textilwirtschaft.de vom 09.08.2013

(11) Armedangels bringt Nachhaltigkeit an den POS
aus TextilWirtschaft 23 vom 06.06.2013 Seite 033

(12) Gucci verarbeitet Leder umweltschonend
aus www.textilwirtschaft.de vom 09.07.2013

Impressum

Modehersteller wollen sich nachhaltiges Image geben - mit wenig Erfolg

Bibliografische Information der deutschen Nationalbibliothek

Die Deutsche Nationalbibliothek verzeichnet diese Publikation in der deutschen Nationalbibliografie; detaillierte bibliografische Daten sind im Internet über http://dnb.d-nb.de abrufbar.

ISBN: 978-3-7379-2930-1

© 2015 GBI-Genios Deutsche Wirtschaftsdatenbank GmbH, Freischützstraße 96, 81927 München, www.genios.de

Alle Rechte vorbehalten. Dieses Werk ist einschließlich aller seiner Teile – z.B. Texte, Tabellen und Grafiken - urheberrechtlich geschützt. Jede Verwertung außerhalb der Grenzen des Urheberrechtsgesetzes bedarf der vorherigen Zustimmung des Verlags. Dies gilt insbesondere auch für auszugsweise Nachdrucke, fotomechanische

Vervielfältigungen (Fotokopie/Mikroskopie), Übersetzungen, Auswertungen durch Datenbanken oder ähnliche Einrichtungen und die Einspeicherung und Verarbeitung in elektronischen Systemen.